探索世界

这些发现塑造了我们的世界

图文 / [德]安东·霍尔曼

译 / 许家兰

北京语言大学出版社
BEIJING LANGUAGE AND CULTURE
UNIVERSITY PRESS

6 人类的诞生地

18 西班牙征服者

8 早期探索者

20 环球航行

10 至关重要的旅程

22 来到太平洋

| 1400 | 1500 | 1600 | 1700 | 1800 |

约12万年前　　约5000年前　　约620年前

公元前　　公元后

16 美洲土著人

14 新贸易路线

28 探秘非洲

26 北美洲的西部

12 和维京人一起航行

24 澳大利亚

史前时代　　古代　　发现的时代

2

等你来冒险!

每一天,我们都有新的发现:可能是一种从未尝试过的食物,可能是一只停在花朵上的陌生昆虫,可能是一部带给我们启发的电影,也可能是一家新开张的口味极棒的冰淇淋店。穷尽一生,我们总是在不断发现,对于未知事物的好奇心把我们所有人都变成了探索者。

得益于这种探索精神,如今,我们对自己所在的这个星球的植物、动物,以及多种多样的文明都已经有了大量的了解。所有发现之旅都有一个共同的作用,那就是改变了我们对世界的看法。通过过去许多个世纪的探索,人类不仅开始频繁地交易,还开始了知识和文化方面的交流。你透过窗户看到的植物,你现在吃到的食物,或许正是通过这样的发现之旅才出现在你面前的。

当然,仅仅发现一家新冰淇淋店的人,不可能被称作伟大的探索者。有资格青史留名的探索者,是那些通过旅行报告或地图,率先将某个不为人知的地区介绍给世界的人。这样一来,人们不必亲自去到那个地方,就能了解到许多关于它的知识。但值得注意的是,历史上通常也不乏早已有人知道这类地区的情况,就是那些生活在当地的人。纵观西方历史,探索者通常被称为英雄,但这种情况在近代以来有所改变,因为在带给世界令人激动的新发现的同时,他们也给生活在"被发现"地区的人们带去了很多伤害。

此外,许多著名的探索之旅其实是团队合作的成果,不能简单归为某个人的功劳。

通常来说,人们只有同心协力才能办成一些看似不可能的事情。长久以来,许多在旅程中帮助过探索者的人都被遗忘了。他们往往是相关地区的原住民,正是借助于他们对当地地貌与气候等自然条件的了解,探索者才得以抵达他们梦寐以求的目的地。在本书中,我们会认识几位这样的关键人物,了解他们在旅程中所扮演的角色。

本书的旅程不仅将带我们回到久远的过去,去往世界各地,还将带我们登上这个星球最高的山峰,潜入大洋的深处。最后,我们还将和一些有胆识的人及动物一起前往太空去冒险!

让我们结伴去闯荡吧!去认识我们身处的这个世界——这是我们了解它的运行之道并从中找到自身定位的唯一办法。

人类的诞生地

人类最早的活动踪迹发现于非洲，我们的祖先正是从这里出发，四散到世界各地的。这些先民是最早的探索者，在这里我们可以看见他们曾经走过的道路。

离开非洲

在漫长的时间里，人类曾经只生活在非洲。大约在 12 万年前，他们开始探索世界上的其他地方。这便带来了人类历史上一些意义非凡的发现之旅。我们现在仍然不清楚他们为什么要开始这样的漫游，可能是为了寻找新的狩猎地，也可能是因为气候的变化。

大约在 6000 年前，石矛就已经被用作工具和武器。

欧洲

非洲

你想呀，要是人们不向别的地方迁移，那非洲会变得多么拥挤！

看，这是牛的头骨！

最初的探索之旅

在科学领域，人类又被称为"智人"，意思是"聪明的人"。人类在非洲之外最早的迁移目的地是中东和东南亚一带。又过了很长时间，人类才开始了从非洲到欧洲的第二波迁移。而从亚洲出发，他们又一路南下，到达了澳大利亚。

从亚洲到美洲

人类最晚定居的一块大陆，如今叫作美洲。现在学者们仍在努力研究人类是如何从亚洲到达美洲的。不过有一点是确定的，那就是他们至少在15000 年前就已经到达了那里，有可能是通过白令陆桥（从今天的俄罗斯东端到阿拉斯加），也有可能是横渡了大洋。

猛犸象是早期人类很感兴趣的猎物，它不仅是块头巨大的食物来源，还可以提供象牙，用来制造武器。

亚洲

北美洲

石锛是波利尼西亚人最重要的工具，他们用它来制造各种东西，包括独木舟。

太平洋群岛

澳大利亚

横渡太平洋

人类最后一次艰难的早期大航海之旅是前往波利尼西亚（一片散落在太平洋中部的小岛）。如今的波利尼西亚人的祖先是一些天赋异禀的航海者，他们可以从容地应对大海上的各种状况。他们靠着观察风、星辰、洋流及飞鸟的轨迹来规划自己穿越大洋的航路。

早期探索者

闯荡出非洲后，人类渐渐不再漂泊，于是有了一些早期的定居点，后来这些定居点又成为许多新的发现之旅的起点。

前2300—前1500

汉诺

约前470

埃及人的旅程

关于这些旅程的最早记载要追溯到古埃及时代。有记载的最早的探索者当属埃及人哈尔胡夫（古埃及王国的一位官员），他完成了南下至今日的苏丹及红海沿岸的 4 次远距离航行，推动了同许多邻近国家的贸易和友好往来，如努比亚（在今天埃及南部和苏丹北部）。哈特谢普苏特女王派出了世界上最早的考察队前往蓬特王国，据说这是一个位于埃及东部的神秘国度。有超过 200 人抵达蓬特，并从那里带回了各种各样新奇的奢侈品，比如乳香和乌木。

在大海上！

航海家汉诺来自迦太基，这是古地中海时期北非最重要的贸易城市之一。大约公元前 500 年，汉诺驶入大西洋，沿着非洲西海岸完成了一次伟大的航行。没有人知道他究竟走了多远，有人认为他一路抵达了加蓬，也有人怀疑他最远不过到达了加纳利群岛。在关于汉诺的故事中，我们很难分清哪些是杜撰，哪些是事实——毕竟关于这次航行，只有他本人的探险报告为证。

亚洲

腓尼基

迦太基

埃及

蓬特

努比亚

非洲

亚历山大大帝

亚历山大大帝的身世充满了神话色彩，甚至有记载说，他是天神宙斯的儿子。那么，他是如何赢得这种声望和荣誉的呢？靠的是他出色的军事头脑和庞大的军队。亚历山大大帝开拓了古代最为庞大的帝国，疆域从希腊直达中亚，这让他成为那个时代最有权势的人。

人们普遍认为，亚历山大大帝是人类历史上最具影响力的人物之一。虽然有很多人认为他是一个无情的暴君和破坏者，但他所建立的帝国也在客观上带来了很多好处，比如，促进了文化和技术的交流，推动了宗教信仰的融合。

约前330

看，亚历山大大帝骑马狂奔。他在逃避什么？

大概是猫吧——因为他怕猫！

亚历山大大帝

亚历山大大帝留下了无数画像，有的是巨幅的壁画，有的画在花瓶上，这些画像无一例外都把他描绘成一位盖世英雄。

至关重要的旅程

亚洲是世界上最大的大陆，长久以来，这里是许多不同种族的人的家园。或是奉统治者的命令，或是出于自己的宗教信仰，他们中的一些人也发起了伟大的探索之旅。

张骞的旅程

从公元前 206 年开始，中国进入汉朝。当时，在如今的蒙古草原上生活着一个马背上的游牧民族，叫匈奴，他们经常袭扰汉朝北方的领土。为了改变这种局面，汉朝皇帝派使者张骞前往西域，寻求与西域各国结盟。不幸的是，张骞很快就被匈奴人抓住，并被他们羁押了 10 年。他最终逃脱出来，遇上了另一个游牧民族——大月氏（zhī）。

前138—前126

张骞

我也好想骑着马去旅行。

匈奴

大月氏
大夏

长安

汉

张骞与大月氏人一起待了一年，记录下了他们的日常生活和习俗。他的报告向汉朝皇帝表明，亚洲大陆的中部存在一些高度发达的文明。他的行程尽管没有达成军事结盟的目的，但却开启了同大月氏人的贸易。随着时间的推移，中国和中亚的贸易与日俱增，丝绸之路应运而生。两千年来，商人们沿着这一贸易路线络绎不绝地往来，贩运马匹、香料，以及最重要的商品——丝绸。

一旦你骑马穿过了中国，也许就再也停不下来了。

埃瑟莉亚的作品主要是一些在朝圣途中写给姐妹们的书信。

约 399—412

埃瑟莉亚

约 381—384

宗教的传播

丝绸之路也为新思想和宗教传往异国他乡提供了路径。许多沿着丝绸之路前行的朝圣者为我们留下了描写旅途见闻的记录，其中包括一位中国僧人——法显和尚。佛教是一种起源于古印度的宗教和哲学思想。公元 4 世纪末，法显和尚从中国出发，前往佛教发源地古印度学佛，并把许多佛经带回了中国。他的游记中记录了很多异域风物故事，当然，也少不了佛教的教义和仪式。

同样朝圣的还有基督徒和穆斯林。比如，公元 4 世纪，一位来自西班牙的女信徒埃瑟莉亚把《圣经》作为旅途指南，一路穿过埃及、叙利亚，到达了以色列。她的作品是我们迄今所知的最古老的旅行见闻录。

艾哈迈德·伊本·法德兰是一位来自阿拉伯的穆斯林学者，他曾一度游历至伏尔加河（在今天的俄罗斯）附近的地区。他详细记录了自己的旅程，从人们的衣着到建筑物的特征，简直无所不包。据说，他对于伊斯兰教传入这一地区起到了重要作用。

伊本·法德兰

约922

和维京人一起航行

历史书上的维京人声名狼藉，这完全是由他们多年来带给人们的恐惧造成的。他们曾在地球上的许多地方做出了强盗行径。不过，除了劫掠来的财物，他们还带回了更多的东西。

维京人的生活

维京人是生活在欧洲北部斯堪的纳维亚半岛上的一群人。那儿气候非常寒冷，土地很难耕种，因此生活艰难。出于这一原因，维京人决定出去寻找更加肥沃的土地。

他们在旅途中洗劫了一些陆地上的定居点和海上的船只。他们是一些了不起的造船匠，船只是他们的武器，他们建造的维京长船轻巧灵便，快如闪电。而且，维京人并非只是头脑简单的武夫，他们还是故事和知识的收集者，在漫游历程中缔造了灿烂的文明。

我能拿路易斯交换这把斧头吗？

这块盾牌挂在我的房间里一定很棒！

维京人的武器不仅可以用来劫掠他人的财物，还可以拿来跟沿海的欧洲人交换蜂蜜、香料和金属。

除了大名鼎鼎的长船，维京人还使用一种叫"诺尔"的单桅帆船来运输货物。

约980

红发埃里克

维京人红发埃里克的名号不仅来自他那醒目的红头发和红胡子，还因为他生性残暴，双手沾满了红色的鲜血。犯下谋杀罪行后，他被驱逐出冰岛，去到了格陵兰岛。格陵兰岛是北美洲东北部的一座岛屿，也是世界上最大的岛屿。几年后，他在岛上建立了第一个欧洲人定居点。

前往美洲

红发埃里克的儿子出生在格陵兰岛，名叫莱夫·埃里克松。他听到一个故事，说向西的远方（如今的北美洲），有一片未被发现的土地，那儿水草丰美，河里挤满鲑鱼，地上长满葡萄。于是，他动身前去寻找那个地方，最终来到了如今的纽芬兰岛。埃里克松给它起名叫"瓦恩兰"，意思是"葡萄酒之地"。

约1000

格陵兰岛

冰岛

埃里克松的路线

红发埃里克的路线

大约公元980年，红发埃里克从冰岛来到格陵兰岛；若干年后（约1000年），他的儿子埃里克松一路向西，到达了北美洲。

莱夫·埃里克松

纽芬兰岛

在埃里克松的帮助下，一个名叫古德里德·瑟布贾纳多蒂尔的冰岛女人也经格陵兰岛来到了纽芬兰岛。据说，她是第一位在美洲地区分娩的欧洲女性。瑟布贾纳多蒂尔回到冰岛后，还是按捺不住对冒险的渴望，于是踏上了前往罗马的朝圣之路。在史料记载中，她是欧洲中世纪时期游历最广的女性之一。

古德里德·瑟布贾纳多蒂尔

约1000

新贸易路线

在13和14世纪，许多人进行了穿越亚洲、北非和欧洲的贸易探险。这些旅行者中的许多人记录下了他们的旅程，收集了许多关于沿途文明的知识。

在几千年的时间里，各种产品靠着陆路的驼背或海路的船只，大量从一个地方运往另一个地方。中世纪晚期，尽管往来的商旅不在少数，但很少有人记录下他们的旅程。万幸，也有一些像伊本·巴图塔、马可·波罗和郑和这样的人，记录下了他们的旅途见闻。这三个人来自完全不同的地方。

伊本·巴图塔

伊本·巴图塔来自北非，启程时才21岁。穷尽一生，他穿梭于非洲北部、阿拉伯半岛，并直达中国，旅程有11.7万公里之长——差不多能环绕地球3圈！

特莱姆森

突尼斯

我知道路！

巴格达

耶路撒冷

1325—1354

约1334年，巴图塔抵达德里（今天印度的首都）。

泽拉

摩加迪沙

伊本·巴图塔

陆路

丝绸之路是一个庞大的贸易路线网络，把东亚和地中海地区联结在了一起。这条线路用于运输香料、纺织品和瓷器。

丝绸之路沿途自然条件艰苦，人们常组成庞大的商队，以便相互照应。

马可·波罗

尽管收到了大量来自中国的货物，但欧洲人对这个庞大的帝国却所知甚少。直到意大利人马可·波罗结束他24年的东方漫游回到欧洲之后，这种情况才有所改变。尽管这一旅程历时漫长，但他的记录中却完全没有提及中国的茶道或活字印刷术，这让有些人觉得，他也许压根儿就没到过中国。

马可·波罗

北京

扬州
杭州
泉州

1271—1295

1405—1433

郑和

德里

肯帕德

霍纳瓦尔

科泽科德

郑和的船队非常庞大，由200多艘船和2万多人的队伍组成。他的旅程促进了陆上丝绸之路和海上航线的贸易活动。

郑和

中国希望与别的国家建立友好关系，因此，作为船队领袖，郑和奉命率领一支商船队伍开始了他的航行。在前后7次航行中，他到过许多遥远的地方，包括印度半岛、中东，甚至是东非。在这些旅程中，他用茶叶、丝绸和瓷器同当地人交换香料、珍珠和宝石。

哈，我已经在地图上画出了最棒的路线！

1487—1488

迪亚士的航路

达·伽马的航路

1497—1499

经海路到印度

丝绸之路上有许多关卡，人们在通过这些关卡时，需要缴纳一大笔关税。这使得葡萄牙人转而寻找一条成本低廉的贸易路线。巴尔托洛梅乌·迪亚士是第一个绕过非洲最南端的欧洲人，在他之后，航海家瓦斯科·达·伽马开辟了从这里直达印度的航路。这样一来，欧洲人跟亚洲人做生意就不用再穿越整个中亚了。不过，这条新航路还是很长，人们仍在继续探索更便捷的航路。

美洲土著人

　　到了地理大发现的时代，几乎整个世界都已经有人类定居。当一支探险队抵达一块新领地时，队员们往往会与已经生活在那里的人发生冲突，最典型的例子就是美洲的"发现"。

哥伦布到来之前

　　1492 年，意大利航海家克里斯托弗·哥伦布为了开辟一条通往亚洲的新航路而开始了海外航行，后来他到达了美洲。当时，南美洲和北美洲的大陆上遍布着数百个土著部落。他们各有自己的习俗和信仰，而且其中的许多文明都是高度集中的、有组织的。他们有的生活在农村，有的生活在城市，还有一部分是不断迁移的游牧民。

　　因为维京人关于"瓦恩兰"的记载早已遗失，当时的欧洲人并不知道南美洲和北美洲的存在，所以长久以来，哥伦布都被认为是这两块大陆的发现者。当然，"发现"这两块大陆的其实既不是维京人，也不是哥伦布，毕竟早在 15000 年前，就已经有人生活在这里了。对于美洲土著人而言，哥伦布的到来，反而意味着苦难的开始。

在哥伦布到来前，卡霍基亚是北美洲最大的城市。它位于密西西比河畔，从公元 700 年一直存续到 1300 年。

哦，甘薯！发现南美洲万岁！

其他到访者

　　西非马里帝国的国王——阿布·巴克尔二世被认为是早于哥伦布登上美洲的人之一。据说，他在 14 世纪末期就到过这里，并向当地的土著人传播非洲文化，尽管现在没有任何确切的证据可以证明这件事。

　　还有擅长造船的波利尼西亚人，他们或许也先于哥伦布抵达过美洲。早在一千年前，甘薯就已经成为他们的主要食物，但这种作物起初只生长在南美洲。所以有人认为，当维京人忙于在北美洲建造房屋时，一些波利尼西亚人也来到了南美洲；又或是相反，有些南美洲土著人设法抵达了波利尼西亚。这究竟是怎么回事，至今仍是一个谜。

美洲土著人和哥伦布

哥伦布抵达加勒比地区时，遇见了泰诺人，这些人居住在一些小村庄里，种植玉米，擅长制作黄金首饰，是一群爱好和平的人。他们初次与哥伦布会面时，用棉布和他交换了一些玻璃珠子。但是，哥伦布第二次来到这里时，开始奴役并杀害当地土著人。就连资助他的西班牙王室在看到当地人已经大量皈依天主教之后，也对哥伦布的行径表示了不满。许多土著人被迫接受了一种本不属于他们的宗教。

哥伦布大概至死都认为，自己发现的是一条通往印度的西方航路，几年之后，这被意大利探险家亚美利哥·韦斯普奇证明是大错特错。他意识到，哥伦布无意间撞上的其实是一块欧洲人前所未知的全新大陆。后来，这块陆地以韦斯普奇的名字命名为"亚美利加洲"，也就是"美洲"。

起初，哥伦布和加勒比土著人交换商品和食物。不过，他从一开始就计划要奴役这些人。

西班牙征服者

　　沿着哥伦布开辟的航路，更多以西班牙王室为名、觊觎中美洲和南美洲的征服活动接踵而至，给这些土地上的土著人带来了毁灭性的影响，当地的土著人口大大减少。

对黄金的贪婪

　　这些活动美其名曰"孔基斯塔"（西班牙语，意为"征服"），发起者也被称为"孔基斯塔多"（西班牙语，意为"征服者"）。西班牙人的主要目标是劫掠新的领地，霸占并榨取各种资源，抢夺尽可能多的黄金。中美洲和南美洲一度有一些大城市，拥有各种珍宝。这些征服活动导致当地被西班牙人洗劫一空，而后者为了满足对黄金的欲望，根本不在乎牺牲多少人命。

1521

埃尔南·科尔特斯

拉·马琳奇

阿兹特克人的灭亡

　　16 世纪时，如今叫作墨西哥的地区正被阿兹特克人统治着，这是一个文明高度发达的民族，当时他们的统治者是蒙特祖玛二世。因为他在当地压制其他民族，并且实行奴隶制，所以西班牙征服者得以和阿兹特克人统治下的受压迫者结成同盟。其中有一个特别著名的女奴隶，名叫拉·马琳奇，出身于当地的一个贵族家庭。她为征服者埃尔南·科尔特斯担任翻译，还与他成了情人。她的帮助在科尔特斯推翻并摧毁阿兹特克帝国的行动中起到了至关重要的作用。

印加人和弗朗西斯科·皮萨罗

印加帝国的疆土遍及南美洲西部。印加人以他们建造在高山上的城市、贸易路线和山地农业技术而闻名，但西班牙人弗朗西斯科·皮萨罗对印加文明毫无兴趣，他只关心他们的黄金。在第一次穿越这个帝国的领土时，皮萨罗窥见了它所拥有的财富，并下定决心征服它。1532年，这位西班牙征服者发起了第三次也是最后一次远征，这次远征改变了印加民族和印加帝国的命运，也剥夺了许多印加人的生命。

1532

弗朗西斯科·皮萨罗

墨西哥湾

科尔特斯的航路

圣地亚哥

特鲁希略

加勒比海

路易斯，那不是你的东西！

可是戴上它们，我变得很帅气！

巴拿马

通贝斯

皮萨罗的航路

太平洋

南美洲

就像阿兹特克人一样，印加人也用残暴的手段获取财富。这意味着他们也有很多敌人愿意帮助西班牙人。

在此之前，印加王室有兄弟两人，他们为争夺帝国的王位而大动干戈，削弱了帝国的整体实力。其中弟弟死于战争，皮萨罗则充当了哥哥阿塔瓦尔帕的盟友，为的是在事成之后推翻他。

环球航行

　　继哥伦布和韦斯普奇的航行之后，人们仍在寻找通往亚洲的更快的航路，因为这一地区有一小群岛屿，是名贵香料肉豆蔻和丁香的唯一产地。

斐迪南·麦哲伦

　　在早期，肉豆蔻和丁香的价值相当于同等重量的黄金，因此意味着巨大的财富。对于这种财富的憧憬，促使斐迪南·麦哲伦于 1519 年率领 5 艘帆船，代表西班牙王室扬帆起航。麦哲伦本人是葡萄牙人，也是一位经验丰富的水手。航行中，绕行南美洲最南端是一段尤其艰难的航程，有一艘船因为危险的风暴和巨浪而失事。船队中其余的船最终到达了太平洋，但由于缺乏食物，许多水手都生病了。在浩瀚的太平洋中兜兜转转地航行了三个月后，他们终于抵达了菲律宾。

1519—1522

　　最初，西班牙人和菲律宾土著人的接触是和平的，双方的交流由恩里克主导。据说，恩里克是菲律宾当地人，年幼时被麦哲伦掳去欧洲，做了他的奴隶。如果这种说法是真的，恩里克果真来自菲律宾，那么他就是环球航行第一人。但更有可能的是，他来自马来西亚，一个更偏西一些的半岛。恩里克的语言能力和综合能力使他成了麦哲伦不可或缺的助手。

恩里克

我们能用一个暑假完成环球航行吗？

斐迪南·麦哲伦

胡安·塞巴斯蒂安·埃尔卡诺

18世纪60年代末，博物学家珍妮·巴雷特成为第一位完成环球航行的女性。当时，女人是不允许在船上工作的，所以为了登上甲板，巴雷特不得不把自己伪装成男人。

1766—1769

珍妮·巴雷特

一次漫长的航行

麦哲伦试图宣称菲律宾归西班牙所有，结果导致了冲突。菲律宾部落首领拉普－拉普在战斗中击败了西班牙人，麦哲伦也被长矛刺伤，一命呜呼。其他船员到达所谓的香料群岛（当时称为摩鹿加群岛，如今是印度尼西亚的一部分）之后，船队的指挥权最终交到了船长胡安·塞巴斯蒂安·埃尔卡诺手上。虽然只有一艘船返回西班牙，但毕竟完成了人类历史上的第一次环球航行。尽管麦哲伦在西班牙因他的功绩而受人称颂，但在菲律宾，被视为英雄的却是拉普－拉普。

这些船上的条件非常恶劣。天气寒冷，食物匮乏，而且残暴的船长还经常折磨船员。

由于新鲜食物很快就会变质，船上的口粮通常由硬面饼和干肉组成，这些东西保存时间很长，但营养价值不高。

由于食物清单上没有新鲜水果，许多水手缺乏维生素，以致患上了坏血病之类的疾病。直到1753年，人们才认识到，柑橘汁是一种可以预防坏血病的饮品。

来到太平洋

即便经过了环球航行，欧洲人对太平洋的具体情况仍然所知甚少。这促使一批新的航海者再次启程，开始对这片世界上最大的大洋进行更深入的探索。

寻找澳大利亚

1768 年，英国探险家和皇家海军军官詹姆斯·库克横渡太平洋。在欧洲，长久以来人们一直相信，南半球一定还存在着最后一块巨大的陆地，这吸引了许多人对它进行探索。库克是一位杰出的航海家，仅凭风向和星星的位置就能绘制出一条航线。此外，他还获得了一些本地人的帮助，如塔希提航海家图帕亚。与欧洲人相比，图帕亚对太平洋海域相当熟悉。

1768

图帕亚

詹姆斯·库克

太平洋

澳大利亚

悉尼

我发现了新西兰！

新西兰

1770 年，库克环绕新西兰岛航行一圈之后，驶向澳大利亚的东部海岸。

"奋进号"皇家海军考察船

为了应对前往澳大利亚的漫长航行，一艘煤炭运输船被改装为皇家海军考察船，并被重新命名为"奋进号"。在图帕亚的帮助下，库克确定了我们现在称为澳大利亚（来自拉丁短语"terra australis incognita"，即"未知的南方大陆"）的这个地方在南半球的位置。

世界地图

早在石器时代，人们就开始绘制粗糙的图画来帮助自己回到一些新发现的地方，所以，第一张真正的地图早在古代就出现了。这引领了地图学的发展，人们开始为陆地和海洋绘制地图。印刷术的发明使得地图的复制变得更加容易，加速了制图学的进步，也方便了地图的更新。

我要把它贴在我们的地球仪上！

绘制地图的工作也变得更加规范、统一，也就是说，不管由谁来绘制，地图看起来总是相似的。时至今日，地图已经非常精确，从前那些空白的地方如今都已被补充完整。

进一步的发现

图帕亚和库克绘制了新西兰的海岸线地图。在后来的一次探索中，库克发现了夏威夷群岛。像所有这类航程中无可避免的情况一样，这最终也导致了当地人和船员之间的冲突。库克最终落败：在一次与夏威夷人的争执中，他试图绑架他们的首领，结果头部被击中，然后被刺死。

新西兰的土著居民被称为毛利人，最初来自波利尼西亚。

看看新西兰的两个主要岛屿，你觉得它们像什么？和维京人一样，毛利人也很擅长讲故事，用故事来解释周围的世界。许多毛利神话中都有一个主人公——毛伊，这是一位足智多谋的半神。其中有个神话说，毛伊和他的兄弟们用一块神奇的下颚骨做鱼钩，划着独木舟出去钓鱼。他们最终收获颇丰：钓到了新西兰的北岛。所以在毛利语中，新西兰北岛被称为"毛伊的鱼"。同样，在新西兰南岛的众多名字中，有一个叫"毛伊的独木舟"。

澳大利亚

澳大利亚是世界上最南端的陆地之一，这就是许多人称它为"南头"的原因。在詹姆斯·库克从东海岸登陆之后，英国王室宣称这片土地归自己所有。不过，他们仍需要借助土著人的帮助来探索这片陆地。

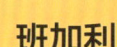

我感觉，迪吉里杜管在我肚子里"嗡嗡"响。

澳大利亚的土著人

早在5万年前，澳大利亚土著人就已经定居在这片土地上。在他们看来，自然界的一切——植物、动物和人都是相互联系的。他们通过音乐、舞蹈和绘画互相分享知识，但却没有文字体系。

班加利

班加利

班加利是第一个环游澳大利亚、参与这片土地地图测绘工作的土著人。他虽然不会说欧洲人的语言，但和他们相处愉快。

查尔斯·斯特尔特

寻找淡水

在库克首次登上澳大利亚的土地之后，这片陆地的一部分成为英国的殖民地。随着时间的推移，越来越多的澳大利亚海滨地带被英国殖民群体占据，而更进一步的探险也随之深入到陆地内部。查尔斯·斯特尔特船长曾沿着内陆河流的径流，上溯寻找淡水资源。他几乎走到了澳大利亚的中心，却只找到了荒漠。断粮绝水的时候，斯特尔特和他的船员遇见了一群澳大利亚土著人，这些土著人拯救了他们。与大多数殖民者不同，斯特尔特从未对当地人动用过暴力。

爱德华·约翰·艾尔和怀利

在早期的澳大利亚探险中，另一对令人瞩目的二人组是英国研究人员爱德华·约翰·艾尔和澳大利亚土著人怀利。他们沿着南部海岸穿越了整片大陆。当他们的供给开始短缺时，怀利知道可以在哪里找到能捕食的猎物。为了到达西部，他们在极为艰苦的条件下，仍然坚持了一个多月。在这样的探索旅程中，所有欧洲人都需要怀利或班加利这样的澳大利亚土著人的帮助，如果没有他们帮忙，殖民者就不可能成功探索如此巨大而贫瘠的陆地。尽管许多土著人为澳大利亚这个国家的发展做出了很多贡献，但却很少得到官方历史书的承认。直到今天，他们所发挥的关键作用也没有得到应有的重视。

1840—1841

怀利

爱德华·约翰·艾尔

流离失所的澳大利亚土著人

1851年，澳大利亚发现黄金后，更多欧洲殖民者来到澳大利亚开始新的生活。许多澳大利亚土著人被迫离开自己的家园和土地，他们中有一些人逃到了内地，另一些人则尝试与新来的白人一起生活。殖民者还给这片土地带来了新的疾病，而澳大利亚土著人对这些疾病是没有免疫力的，这进一步导致大量土著人丧生。许多人死于新殖民政府的统治，还有些人因为殖民者的到来而死亡。

我感到脑袋"嗡嗡"响！

富兰克林夫人致力于为妇女争取权利和受教育的机会。

简·富兰克林夫人

始于
1839

探险家和女权主义者

19世纪早期，当妇女还被局限在家庭中，忙于抚养孩子和料理家务时，英国人简·富兰克林夫人已经在沿着澳大利亚东海岸旅行了。作为一位不知疲倦的冒险家，她还曾去过塔斯马尼亚、日本、印度和北美洲。

北美洲的西部

从17世纪起，英国人开始在北美洲的东海岸开拓殖民地。当时，北美洲的西部对白人来说仍然是完全陌生的，但这种情况很快就改变了。

独立战争

生活在英属北美殖民地的人们想要建立一个属于自己的独立国家，不再受英国王室的统治。出于这一原因，他们起草了《独立宣言》。独立战争之后，英国承认当时的 13 个州为独立州。一纸条约将我们现在所熟知的美利坚合众国从英国的控制下解放出来，由北美土著人占据的地区也被视为独立的。

1776

尽管《独立宣言》以宣扬"人人生而平等"而闻名，但它却将这片大陆上的土著民族列为敌人。

首长的头饰太棒了！

一个新计划

托马斯·杰弗逊总统（任期为 1801 年至 1809 年）想要扩大本国在西部的领土，这使得居住在那里的土著部落不得不去适应殖民者的生活方式。向西扩张计划的第一步是 1803 年购买路易斯安那州，通过这笔交易，美利坚合众国"收购"了从前由法国控制的大片土地。而一年后，第一支探险队便踏上了探索这片新领土的旅途。

俄勒冈郡

萨卡加维娅

北美洲

梅里韦瑟·刘易斯

威廉·克拉克

1804—1806

殖民者为什么这么过分？土著部落早就生活在那里了呀！

刘易斯和克拉克探险队

　　第一次西部探险是由梅里韦瑟·刘易斯和他的搭档威廉·克拉克带领的。旅途的大部分时间里，他们都由一位名叫萨卡加维娅的女子陪同，她来自莱姆哈伊的肖肖尼部落，负责帮助他们与沿途其他土著部落对话。如果没有众多美洲印第安人的帮助，这支探险队根本不可能成功地西行。这次探索为欧洲人进一步移居北美洲铺平了道路，也为欧洲人暴力镇压土著人及其文明铺平了道路。

殖民者在西进过程中杀死了大量水牛，几乎快把它们猎杀光了。

新成立的美利坚合众国宣称，土地归记录它的探索者所有，这使得许多美洲印第安人流离失所，甚至沦为奴隶。

也有许多美洲印第安人死于白人殖民者带到他们土地上来的各种疾病。

探秘非洲

早在15世纪，欧洲就有了记录非洲大陆海岸线的地图。但长期以来，由于欧洲列强持续专注于同美洲的贸易往来，对非洲反而关注极少。

遗失的知识

中世纪时期，非洲有许多强大的王国和复杂的贸易网络。而在接下来的几个世纪中，欧洲人凭借暴力手段征服了早先存在的国家，将非洲沿海的大部分地区殖民化。这导致有关非洲历史的知识，以及这片大陆灿烂丰富的文化遗产大量地遗失了。

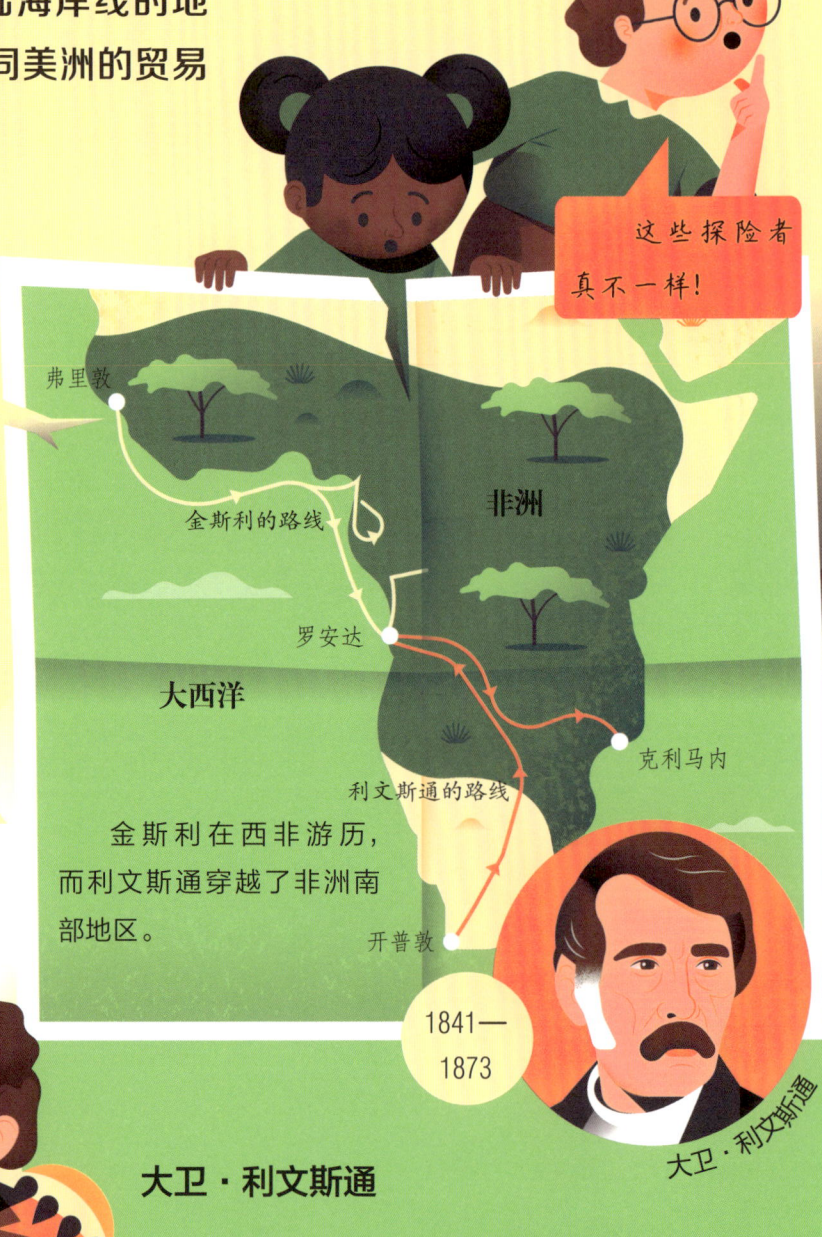

这些探险者真不一样！

弗里敦

金斯利的路线

非洲

罗安达

大西洋

克利马内

利文斯通的路线

金斯利在西非游历，而利文斯通穿越了非洲南部地区。

开普敦

1841—1873

大卫·利文斯通

有时候，小动物反而比大动物更危险：利文斯通 1844 年遭遇狮子袭击后幸存了下来，却在 1873 年死于疟疾——一种由蚊子传播的疾病。

大卫·利文斯通

苏格兰人大卫·利文斯通对非洲的历史和文化很感兴趣。他考察过这片大陆的南部，并且曾从西向东横穿非洲，这使他成为一位极具名望的非洲问题专家。此外，利文斯通还曾试图终结非洲的奴隶贸易。但是在某一次探险之后，他失踪了好几年，直到最后被一位名叫亨利·莫顿·斯坦利的记者找到。这时的利文斯通因为身患疟疾而变得非常虚弱，无法再回到苏格兰。不过，他也不想回去，他说自己的心属于非洲。

在金斯利生活的那个时代，女性独自旅行是很少见的。

1893—1895

玛丽·金斯利

在 19 世纪后期欧洲人对非洲的探索中，英国人玛丽·金斯利扮演了重要角色。在尼日利亚，她和当地人住在一起，试图阻止欧洲传教士让非洲人皈依基督教。她返回欧洲时，带回了许多种不知名的鱼、一种新的蛇，以及 8 种新的昆虫，这些都是她在自己的探险活动中收集的。

玛丽·金斯利

奴隶贸易

蓄奴的做法和人类的历史一样古老。奴隶被认为是某人的"财产"，因此自身没有任何的权利。北美洲的殖民化导致奴隶贸易达到了一个可怕的高峰。越来越多的非洲人被掳掠、贩运到北美洲，去做奴隶的工作。很久之后，奴隶制才被废除。事实上，直到 1865 年，蓄奴在美国才成为一件非法的事情。

奴隶被迫在非人的条件下生活，残忍的惩罚更是家常便饭。

奴隶通常只能在地里或家里干活。

探索大自然

许多人认为，人们从探索中获得的真正财富不是金子，而是所收集到的新的动植物知识。

查尔斯·达尔文

有些探索者想要探索大自然，对一些以前不为人知的土地上的动植物进行研究。通过这些研究，他们改变了我们对自然界的理解。比如，英国博物学家查尔斯·达尔文在科隆群岛取得了惊人的发现。

查尔斯·达尔文

1831—1836

达尔文有好多鸟啊……

达尔文观察到，物种随着时间的变化而发生变化，并不断适应它们的环境。这些观察结果启发了他的进化论，这个理论解释了动物和植物是如何随着时间的推移而演变成我们现在所知的样子的。

大嘴地雀　　中嘴地雀

小嘴树雀

加岛绿莺雀

达尔文在旅途中收集了成千上万的样本，用 15 本笔记本记录下他的观察，并绘制了大约 300 幅插图。

要是能找到一种没人知道的新动物，我就叫它艾玛·海露丝！

达尔文雀族中亲缘关系密切的物种都有一个共同的祖先，但随着时间的推移，它们却进化出了不一样的嘴巴。

阿尔弗雷德·华莱士

　　另一位英国博物学家阿尔弗雷德·华莱士在 19 世纪中期去探索南美洲。不幸的是，在返回英国的途中，他因船只着火而失去了所收集的一切。不过，他并没有因此气馁，后来又在东南亚收集了另一套标本和资料。他还独立于达尔文，提出了自己的进化论。

华莱士主要观察鸟类，他是第一个记录鸟类的人，包括幡羽天堂鸟。

1848—1862

阿尔弗雷德·华莱士

1799—1804

亚历山大·冯·洪堡

亚历山大·冯·洪堡

　　达尔文和华莱士的探索之旅都是受亚历山大·冯·洪堡的启发和鼓舞。冯·洪堡是一位德国探险家和博物学家，对自然科学的发展有很大的影响。他还在法国植物学家埃梅·邦普兰的协助下，对南美洲的数千种动植物物种进行了编目。此外，他还曾研究岩石，穿越雨林，攀登火山，寻找河流的源头。研究大自然是他毕生的爱好。

追溯从前

看这些破旧的小屋！你可以在它们的里里外外找到很多东西。

对古老城镇和古老物品的搜寻、研究，带来了大量关于远古人类生活方式的知识。

考古学家的工作是研究人类文明的发展。他们通过地下挖掘发现文明的遗迹，这些遗迹往往有数千年的历史。尽管对古老物品的研究实践早在中世纪时期就已经存在，但直到 19 世纪，考古学才正式成为一门学科。从前，古老物品通常是由寻宝者或盗墓贼发掘出来的。

1839—1842

约翰·劳埃德·斯蒂芬斯

约翰·劳埃德·斯蒂芬斯

美国考古学家约翰·劳埃德·斯蒂芬斯被亚历山大·冯·洪堡对南美洲丛林废墟的描述所吸引，他得出一个结论：肯定还有更多的遗迹被丛林吞噬了。他的观点是对的！斯蒂芬斯在自己的第一次探险中就发现了美洲大陆上几个重要的玛雅古代城市遗迹。

1881—1888

约翰·韦斯利·吉尔伯特是第一位非裔美国考古学家，他能讲一口流利的希腊语，这意味着他可以参加希腊的许多考古挖掘工作。

约翰·韦斯利·吉尔伯特

简·迪乌拉福伊

法国人简·迪乌拉福伊是最早的女性考古学家之一，她主持了许多阿拉伯历史遗址的考古挖掘工作。她想要向人们证明，尽管自由受到了限制，但女性在所有事情上都能做得跟男性同行一样好。

马丘比丘

美国探险家海勒姆·宾厄姆对印加人非常感兴趣，一心想要找到他们躲避西班牙人的最后避难所——比尔卡班巴。秘鲁的土著人常常提及一座坐落在山脊上的"失落之城"。一位农民把宾厄姆带到一座古城跟前，这座古城是印加文明最重要的遗迹之一。然而，直到几年后，人们才明白，宾厄姆所到的并非比尔卡班巴，而是马丘比丘。他令这座遗址闻名世界，但却强行从那里带走了 4 万多件文物，包括陶器和人骨。直到最近，这些文物才归还给秘鲁。

1911—1913

作为一名生活在 20 世纪之交的女性，美国人哈丽特·博伊德·霍斯一开始不被允许参加考古探险。但她没有退却，而是迎难而上，后来成长为一位考古学先驱。

哈丽特·博伊德·霍斯

霍华德·卡特

1922

图坦卡蒙法老墓

考古学家霍华德·卡特长期研究埃及文化和历史，多年来一直在寻找图坦卡蒙法老的陵墓。就在他要放弃这一使命时，他心想：再挖一次就好了。就在那时，一个当地男孩儿无意间发现了一个楼梯井，卡特沿着这一线索发现了法老陵墓的入口——自陵墓封闭以来，这个地方几乎从来没有人接触过。简直是不可思议！

卡特的搜寻非常彻底，不管多么微小的细节，他都会一一记录在笔记本上。

一千零一夜

阿拉伯半岛位于非洲和亚洲之间，自古以来就吸引着众多欧洲旅行者。但在很长一段时间里，那儿的许多地区只有穆斯林才能进入。

神秘的阿拉伯

像麦地那和麦加（都位于沙特阿拉伯）这样的城市，由于它们在伊斯兰教中神圣的地位，过去只有穆斯林才能进入。因为有关这些地方的记录很少，所以欧洲人对它们所知不多。后来慢慢地有一些来自中东的作品传入欧洲，其中就包括伊本·白图泰的作品，他描绘了一幅非常浪漫的阿拉伯画卷。随后，许多欧洲人都想亲自来看一看这个半岛。

我跟《一千零一夜》里的谢赫拉莎德一样会讲故事！

安妮·布朗特

我能喝一千零一杯柠檬水。

今天，几乎所有纯种阿拉伯马的血统都可以追溯到安妮所饲育的种马。

1878—1879

安妮·布朗特

英国夫妇安妮·布朗特和威尔弗里德·布朗特被阿拉伯地区和那里的马匹所吸引，安妮有一个种马场（饲育马匹的地方）。因此，她学习阿拉伯语，并与居住在阿拉伯沙漠里的游牧民族贝都因人成了朋友。

弗雷娅·斯塔克

有一部书对作家弗雷娅·斯塔克产生了特别强烈的影响，就是那本名为《一千零一夜》或《天方夜谭》的阿拉伯故事集。在她9岁生日时，有人把这本书作为礼物送给她。读完后，斯塔克开始憧憬去阿拉伯旅行——哦，那将是一段多么美妙的旅程！她是最先骑着骆驼穿越鲁卜哈利沙漠的非阿拉伯旅行者之一。鲁卜哈利是阿拉伯半岛上一个巨大的沙漠，也是世界上最大的流动沙漠。她在20多本书中记录了自己的旅行经历。

1927—1979

1945—1950

威尔弗雷德·塞西格

威尔弗雷德·塞西格

第二次世界大战期间，英国探险家威尔弗雷德·塞西格曾驻扎在北非。在等待返回故土的飞机时，他收到一份邀请，让他前去探索阿拉伯并向外界讲述他的见闻。塞西格后来做到了，他是第一个横穿鲁卜哈利沙漠的人。

格特鲁德·贝尔

1892—1913

格特鲁德·贝尔

英国人格特鲁德·贝尔以她惊人的勇气，在无数阿拉伯部落中广受赞誉。她探索过许多欧美人从未去过的地区，比如叙利亚和沙特阿拉伯。

80天环游地球

16世纪早期，人类借助船只完成了第一次环球航行，而此后的很长一段时间里，人们对这类旅程的兴趣似乎淡了许多。不过，随着一本书的出版问世，这种情况改变了！

一部小说发出的启程信号

1872年，儒勒·凡尔纳的《八十天环游地球》一书出版，许多人再次被书中惊心动魄的冒险所吸引。这部小说中环游世界的主人公菲利亚·福克激励了众多读者，有些人甚至受他鼓舞，开启了自己的环游世界之旅——徒步、骑自行车，或是驾车。

1884—1886

托马斯·史蒂文斯

史蒂文斯骑自行车环游世界，用了两年半时间。

哇哦，骑自行车环游世界！

艾达·菲弗

1842—1855

骑自行车或徒步

第一个骑自行车环游世界的人是19世纪末的英国人托马斯·史蒂文斯。那时候，自行车还是一种比较新奇的东西，因此无论史蒂文斯走到哪里，都有人想看他演示他那辆前轮大、后轮小的自行车是如何前行的。

而早于史蒂文斯几十年，奥地利人艾达·菲弗完成了两次环球旅行。在旅途中，她有时徒步，有时借助其他交通工具。据估计，算上她的其他旅程，她一生乘船航行超过24万公里，徒步旅行超过3.2万公里——总行程大约相当于绕地球7圈！她把自己的经历记录在书中，至今仍被广泛阅读。

驾驶飞机

1924 年，两架美国飞机成功完成了环球飞行。5 年后，"齐柏林伯爵"号飞艇也取得了同样的成就。2016 年，贝特朗·皮卡尔和安德烈·博尔施贝格完成了第一次太阳能动力环球飞行。

1889—1890

内莉·布莱

皮卡尔和博尔施贝格不得不将他们的太阳能飞机环球航行分为若干个阶段，前后总共花了 16 个月。

内莉·布莱的新闻报道

1888 年，报社记者内莉·布莱向她的主编提议，她想进行一次环球旅行，以超越《八十天环游地球》中菲利亚·福克创造的虚构纪录。老板拒绝了她的提议，因为她只是一介女流，没准儿还需要一个监护人。布莱不以为然，一年后，她只带着一只旅行袋就出发了。她成功地在 72 天内完成了环球旅行，这在当时是一项记录，这件事也成为那家报社轰动一时的新闻。

克莱诺尔·斯汀斯

开车只比骑自行车快一丁点儿！

1927—1929

驾驶汽车

第一个驾车完成环球旅行的人是德国女赛车手克莱诺尔·斯汀斯，与她同行的是瑞典摄影师卡尔·阿克塞尔·索德斯特罗姆。这次旅行最不可思议的事情是，当时几乎没有适合汽车行驶的道路，因此他们不得不经常驱车穿过淤泥和草地。他们常常陷入停滞状态，最后终于成功地在两年多的时间里完成了旅程！

抵达北极点！

截至19世纪，地球的大部分地区都已经被探索过，但北极在世界地图上却仍是一个巨大而神秘的空白地带。

因纽特人是北极地区最早的探索者。早在第一批欧洲人来到北极之前，他们就已经在这片土地上摸索了几千年。有一位传奇的因纽特探险家，名字叫努卡平夸，他曾与好几支欧洲探险队同行，并帮助研究人员在极端条件下生存了下来。

弗里德约夫·南森

由于北极有极其寒冷、漫长且黑暗的冬天，早期的北极探险是非常危险的。弗里德约夫·南森来自挪威，因此早已习惯了寒冷。在格陵兰岛上，他与当地的因纽特人相处愉快，因纽特人为他的旅行提供了合适的衣物和所需的主要交通工具——狗拉雪橇。可以说，南森从因纽特人那里学会了去往北极点的最佳方法。

1893—1896

努卡平夸

终于见到雪啦！

失之交臂

南森乘坐"弗拉姆"（挪威语，意为"前进"）号从挪威出发。他原本指望浮冰的自然运动可以将他带往北极点。但事与愿违，他的船和船员都被困在了坚冰中。18个月后，南森终于靠着自己的滑雪板和狗拉雪橇抵达了北边一个很远的地点，但那里并不是真正的北极点。

弗里德约夫·南森

从天上看，北极好大啊！

1908—1909

第一次来到北极点

许多人探索北极的尝试都失败了，直到美国人罗伯特·皮尔里和马修·亨森在 4 名因纽特人（他们的名字分别叫奥克、奥塔、埃根瓦、西格罗）的协助下完成了他们的旅行。据推测，他们此行抵达了北极点。也有许多研究人员对这支探险队是否真的走了那么远表示怀疑，因为他们所用的时间似乎太短了，不太可能做到。不过可以肯定的是，皮尔里的北极考察发现是具有重要价值的。

阿蒙森的路线

1926

极地研究员罗阿尔德·阿蒙森驾驶齐柏林飞艇飞越了北极。

南森的路线

北极点

皮尔里和亨森的路线

罗伯特·皮尔里

格陵兰岛

1924—1955

远海上的女英雄

美国人路易丝·阿纳·博伊德来自一个富裕的家庭，她有足够的资金去格陵兰岛和北极的其他地方进行多次海上探险。她用照片记录了格陵兰岛上的许多峡湾和冰川，并在 1955 年成为第一位从北极点上空飞过的女性。

马修·亨森

抵达南极点！

要抵达南极点，唯一的办法只有穿越被称作南极洲的无边无际的冰雪大陆，这是一段极其危险的旅程。

南极点是地球上最偏僻、最难以到达的地方之一。两支彼此竞争的队伍——一支是英国的，另一支是挪威的——同时朝着它出发，双方都想第一个到达那里。

1910—1912

抵达南极点的竞赛

英国人罗伯特·福尔肯·斯科特想做一个创造历史的人，而成为第一个抵达南极点的人似乎是实现这一目标的绝佳机会。与此同时，挪威的罗阿尔德·阿蒙森原本想成为第一个抵达北极点的人，但由于皮尔里似乎已经做到了这一点，阿蒙森便把他努力的方向放在了南极。比赛由此开始了……

罗伯特·福尔肯·斯科特

斯科特和他的队员们到达南极大陆时，早早地就遇上了一个问题：他们带来的拉雪橇的小马无法在冰面上行走，而他们的机动雪橇也很快就坏了，于是他们不得不自己拉雪橇。这个问题消耗了整个团队大量的精力和时间。

罗阿尔德·阿蒙森

南极点

阿蒙森是第一个抵达南极点的人。和弗里德约夫·南森一样，他采用了因纽特样式的雪橇。当阿蒙森抵达南极点时，斯科特的队伍还有很长的一段路要走。当他们最终到达目的地时，已经筋疲力尽。返回途中，他们被一场冰风暴吞没，没有一人生还。虽然阿蒙森赢下了第一个抵达南极点的比赛，但斯科特的日记及其团队的研究工作同样非常重要。

南极洲的波利尼西亚人

根据波利尼西亚的传说，是他们的威·特·兰吉奥拉第一个发现了南极洲的大洋。尽管波利尼西亚人不太可能抵达过南极点，但正如已发现的陶器残片所证明的那样，他们的确向南航行了很远的距离。

杰基·龙尼

美国研究人员杰基·龙尼是第一位活跃在南极考察队中的女性。她的团队曾花费一年的时间在这片大陆上进行探索。此后，她又先后 15 次回到南极洲进行更多的研究。

1931—1937

英格丽德·克里斯滕森

1947—1948

杰基·龙尼

第一位女性极地研究员

英格丽德·克里斯滕森是一名挪威籍极地研究人员，她在 20 世纪 30 年代进行了 4 次南极考察。她不仅是第一位踏上南极洲的女性，而且也是第一个飞越南极洲的人。

在一次南极考察中，英国极地研究人员欧内斯特·沙克尔顿的团队和他们的船只被困在坚冰中，考察船最终沉没。外界以为他们已经死了，但沙克尔顿和其他几个人乘着救生船外出求助。经过一段艰苦卓绝的旅程，他们来到了一个捕鲸站。最终，在沙克尔顿外出求助 4 个月后，整个团队全部获救了。

飞上天，去远方！

人类一直梦想着能够飞翔。早在远古时代和中世纪，人们就构想出了各种各样的飞行器。

第一次飞行尝试

大约在 1500 年，博学多才的意大利画家列奥纳多·达·芬奇就绘制了一些飞行器的草图。在他所处的那个时代，这些草图是非常先进的，他甚至在自己的设计中借鉴了鸟类的飞行模式。然而，这些最初的草图并没有帮助人类实现飞行梦想，直到 18 世纪，人类才有了第一次成功的飞行尝试。

孟戈菲兄弟来自一个造纸业家族。哥哥约瑟夫－米歇尔·孟戈菲最初对制作降落伞产生了浓厚的兴趣，有一次他甚至带着降落伞从自己家的屋顶上跳了下去，这是一件相当危险的事情。后来，他和弟弟雅克－艾蒂安·孟戈菲发现，加热后的空气可以使气球停留在空中，于是他们便用以羊毛和干草为主要材料的织物制作了一个热气球，并向其中充入尽可能多的热空气。1783 年 6 月，他们成功地进行了第一次热气球飞行，这次飞行持续了 10 分钟，而且是无人驾驶的。

从上面看下去，地上的人超级小！

达·芬奇的空气螺旋桨与现代直升机原理相同。不过，这并不是什么新技术，因为中国人早在 2500 年前就已经用它来为孩子们制作飞行陀螺了。

第一艘动力飞艇的初次航行发生在 1852 年。其发明者亨利·吉法德是最顶尖的蒸汽动力专家之一，他的飞艇从巴黎飞到特拉普，总共飞行了 27 公里。

关于谁真正实现了第一次机动飞行，人们一直争论了很多年。1903 年，莱特兄弟的尝试被拍摄了下来。而早在两年前，报纸上曾报道过一个名叫古斯塔夫·韦斯科普夫的人的一次成功尝试。不幸的是，当时记录这一成就的图片非常模糊，难以服众。

第一次飞越大西洋

查尔斯·林德伯格小时候就梦想着飞行，成年后，这种渴望驱使他成为一名飞行员。他听说有一项比赛承诺奖给第一个能够不间断飞越大西洋的人 2.5 万美元，便参加了。由于此前很多人都没能完成这趟旅程，所以，人们以为林德伯格也只会是下一个失败者。但在 1927 年，他从纽约起飞 33 小时 30 分钟后，成功在巴黎着陆，欢迎他的人群热情高涨。不过实际上，他并不是第一个飞越大西洋的人——8 年前，约翰·阿尔科克和亚瑟·布朗就从纽芬兰飞到了爱尔兰，可是，他们的成就几乎没有得到任何宣传。

1927

林德伯格的飞机被称为"圣路易斯精神号"，不过媒体也常称它为"飞行的橙色板条箱"。

一位不怕死的飞行员

出生于 19 世纪末的贝西·科尔曼挑战了她那个时代的偏见，她是第一位获得国际飞行员执照的非裔美国女性。她花了几年时间周游美国，驾驶着自己的飞机为仰慕她的公众表演惊心动魄的危险特技。

1921

科尔曼在一次航展前的试飞中丧生，而人们一般认为，埃尔哈特也是在尝试环球飞行时坠亡的——她的飞机至今下落不明。

阿梅莉亚·埃尔哈特

1932

贝西·科尔曼

单人飞越大西洋

美国飞行员阿梅莉亚·埃尔哈特是第一位单人飞越大西洋的女性。在此之前，她曾乘飞机横渡过大西洋，但只是作为乘客。所以，她的这次单人飞行也使她成为第一个两次飞越大西洋的人。

登上世界之巅

人们为什么要攀登高山？当登山家乔治·马洛里被问到为什么要去攀登珠穆朗玛峰时，他给出了那句著名的回答："因为山就在那里！"让我们爬上云端，看看这到底是怎么回事……

在很长一段时间里，人们总是避开高山，因为它们难以翻越，也非常危险。此外，几乎没有什么东西可以在高山上生长。

来，握个手！

山在许多宗教故事中扮演着重要角色——奥林匹斯山据说是希腊众神的家园，而在《圣经》中，山被当成上帝神力的象征。

14 世纪，意大利诗人弗朗西斯科·彼特拉克在一封信中描述了他攀登法国旺图山的情景。因此，许多人认为他是登山运动之父。

意大利人莱因霍尔德·梅斯纳尔是最伟大的登山运动员之一。1986 年，他成为在不使用氧气瓶的情况下攀登完地球上 14 座 8000 米以上高峰的第一人。

18 世纪时，登山运动非常流行；19 世纪中期，人们成立了许多登山俱乐部，目的是探索阿尔卑斯山。

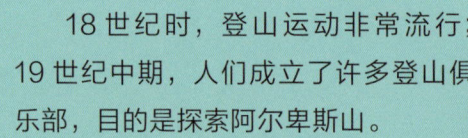

我们为什么又到了下雪的地方？

珠穆朗玛峰

珠穆朗玛峰位于亚洲的喜马拉雅山脉，准确地说，位于尼泊尔和中国的交界处，有 8848.86 米高。在这个高度，空气非常稀薄，这意味着氧气更少，呼吸更加困难。这些条件导致许多攀登这座山的探险队都失败了。1924 年，英国人乔治·马洛里和安德鲁·欧文也在登顶之前丧生——也可能是在登顶之后不久。这两位早期攀登者的命运至今无人知晓。

新西兰人埃德蒙·希拉里第一次接触登山运动时才 16 岁。1952 年，他接受邀请，加入了一支攀登珠穆朗玛峰的探险队。第二年探险队出发时，他的同伴中有夏尔巴人丹增·诺尔盖。这位夏尔巴人来自尼泊尔，他对登山者在喜马拉雅山上会面临的情况了如指掌。尽管如此，诺尔盖之前尝试登上世界最高峰的努力均以失败告终。不过，这一次他就要成功了！

希拉里和诺尔盖是一生的挚友。他们拒绝透露是谁先登顶珠穆朗玛峰的，因为他们只想与对方一起分享这份殊荣。

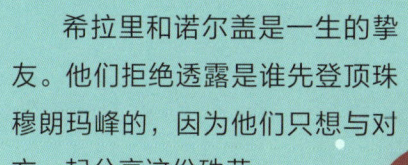

1953

丹增·诺尔盖

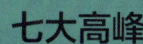
埃德蒙·希拉里

七大高峰

第一位登上珠穆朗玛峰的女性是日本登山者田部井淳子，她在 1975 年成功登顶。她还成功登上了七大高峰，即世界七大洲的最高峰。

通往顶峰的路漫长而令人疲惫。登山队在上山过程中建起了 9 个营地。共有 400 多人参加了这次探险，其中 362 人负责搬运重达 1.3 万千克的设备，此外还有 20 名夏尔巴人担任队伍的向导。1953 年 5 月 29 日，希拉里和诺尔盖登上了珠穆朗玛峰，这也是人类首次登顶珠峰。

田部井淳子

神秘的水下世界

长久以来，那些潜藏在水下的生物对于大多数人来说都是一个谜。要知道，我们星球的三分之二都被水所覆盖，这简直不可思议！

水下装备

水下环境对人体的要求十分苛刻。研究海洋生物需要大量的高科技设备。海洋探险家雅克－伊夫·库斯托发明了"水肺"（自携式水下呼吸器）。借助这个装备和储气罐，人们可以在水下停留更长的时间。除此之外，你知道潜水还需要哪些装备吗？

雅克－伊夫·库斯托

始自 1936

潜水钟的使用历史悠久。当钟在开口朝下的情况下没入水中时，空气会滞留在钟的内部上方。借助一根连接到这一空间的空气导管，可以为潜水员提供氧气。

早在 1797 年，发明家卡尔·海因里希·克林格特就制造了一件带头盔的特殊潜水服。克林格特是一位多产的发明家，他还发明了第一个电子钟，以及许多帮助病人和残疾人的设备。

第一件为单人潜水者制造的设备是一个金属头盔，通过连接到水面上的软管来提供可呼吸的空气。不过，这个头盔很重，因此有些不太实用。

查尔斯·威廉·毕比

20 世纪 30 年代早期，美国博物学家查尔斯·威廉·毕比使用他的球形潜水装置（一种像球的深海潜水器）下潜到了前所未有的深度。他遇到了以前从来没有人见过的水下生物，他的报告和插画大大增加了公众对海洋的兴趣。

"卡里普索"号

"卡里普索"号是库斯托的研究船，船头有一个试验舱，潜水员可以通过一些特殊的阀门直接潜入水中。

潜水员潜到水下不仅仅是为了观察动物和植物，也是为了寻找沉船，因为那里可能埋藏着许多尚未被发现的珍宝。

1930—1934

我们能进去吗？

查尔斯·威廉·毕比

库斯托的水肺为研究人员的水下探索带来了更多自由，让他们能潜到更深、更远的地方，也让他们观察到了更多的动物和植物。

现代潜水机器人能够帮助科学家记录我们的海洋环境。在机器人的帮助下，人们不必亲自冒险就可以进行各种水下实验。

"宝瓶礁石基地"是一个水下实验室。在平均持续 10 天的任务中，它可以同时为 6 个人提供做饭、睡觉和工作的空间。

追溯人类的足迹

我们从哪里来？又是如何成为现在的样子的？长久以来，这些问题一直困扰着许多人，因此人们开始了探索人类起源的旅程。

托尔·海尔达尔和"康提基"号

挪威人托尔·海尔达尔对波利尼西亚人非常感兴趣，他认为他们最初来自南美洲。为了证明自己的理论，他建造了一个木筏，命名为"康提基"号，乘坐它从南美洲出发横渡太平洋。孩提时代，海尔达尔非常怕水，因为他有两次差点儿淹死，这也使得他在 20 岁之前一直拒绝学习游泳。在 1947 年的伟大航程中，他一共在海上度过了 101 天，直到最后到达波利尼西亚的一个岛屿。他觉得这足以证明，在 500 多年以前（或者更早），人们是有能力从南美洲横渡到波利尼西亚的。

其他研究者则对海尔达尔的说法表示怀疑。现在，我们知道他至少说对了一部分：波利尼西亚人或许并非来自南美洲，但他们很可能早在哥伦布抵达之前，就已经和南美洲的土著人有过接触或者有过贸易往来。还记得我们之前说的甘薯吗？

1947

他们的木筏上带甘薯了吗？

旅途中，海尔达尔和他的团队偶遇了一条罕见的鲸鲨。

托尔·海尔达尔

路易斯·李基的发现

1931—1964

英国考古学家路易斯·李基对几种已经灭绝的类人猿进行了研究。20世纪中期，他在非洲发起了多次考古挖掘，发现了已知最古老的人类生物学祖先的遗骸。这是人类起源于非洲的第一个确凿的证据。在这之前，人们一直认为人类起源于亚洲。

珍·古道尔

我们个头儿一样！

珍·古道尔

始于1960

20世纪50年代末，李基鼓励灵长类动物学家珍·古道尔（当时是李基的秘书）对黑猩猩进行研究。古道尔在非洲丛林对黑猩猩进行了近40年的野外观察，在这个过程中，她发现了黑猩猩许多重要的行为模式，比如，它们会使用工具。

1966—1985

戴安·弗西

戴安·弗西

灵长类动物学家和自然保护主义者戴安·弗西也深受李基的影响并得到了他的支持。她对一群山地大猩猩进行了深入研究。令人难以置信的是，它们竟然把她当成了族群的一员，甚至放心地把自己的孩子交给她，让孩子在她的大腿上快乐地玩耍。弗西发起了保护大猩猩的运动，这一种群目前仍面临灭绝的风险。

探索宇宙

恒星、行星、无边无际的空旷的黑暗太空，以及地球之外是否存在生命的问题，一直令人们倍感好奇。对于我们人类来说，宇宙仍然是一个巨大的谜。

第一批太空探索者

火箭的发明使得人类探索地球之外的空间成为可能。第一次太空之旅是由苏联完成的，1957 年，他们发射了斯普特尼克 1 号卫星。卫星绕地球飞行了 92 天，前三个星期在测量太空的温度。不久之后，一些生物也被发射到了太空中。

斯普特尼克 1 号发射一个月后，苏联小狗莱卡成为第一只到达地球公转轨道的狗，但不幸的是，它在这次飞行中失去了生命。两年后，作为美国航天任务的一部分，两只分别叫作埃布尔和贝克的猴子成为第一批经历太空之旅并安全返回地球的生物。

1961

进入太空

苏联宇航员尤里·加加林是世界上第一个进入太空的人。他来自一个普通的农民家庭。1961 年，他乘坐宇宙飞船"东方 1 号"，用 108 分钟环绕地球飞行了一圈。

尤里·加加林

这是另一种环球旅行，不过，要是你在飞船里"晕船"可怎么办？

1963

瓦莲京娜·捷列什科娃

"海鸥"的飞行

加加林的飞行结束后，满怀激情的苏联跳伞运动员瓦莲京娜·捷列什科娃也想尝试成为一名宇航员。26岁时，在仅完成一年训练后，她便在太空中飞行了3天，围绕地球转了48圈。直到今天，她仍是唯一一位独自进入太空的女性。

捷列什科娃的呼叫讯号是"Chaika"，俄语里是"海鸥"的意思。

这看起来像蹦极。谢天谢地，希望这根绳子够结实！

1965

太空漫步

苏联人阿列克谢·列昂诺夫是第一个走出宇宙飞船的人。他被一根绳子拴着，在太空中飘浮了12分钟。完成这一使命后，他本来还要去月球走一走，但项目随后被取消——因为美国的宇航员已经抢先一步到达了月球。

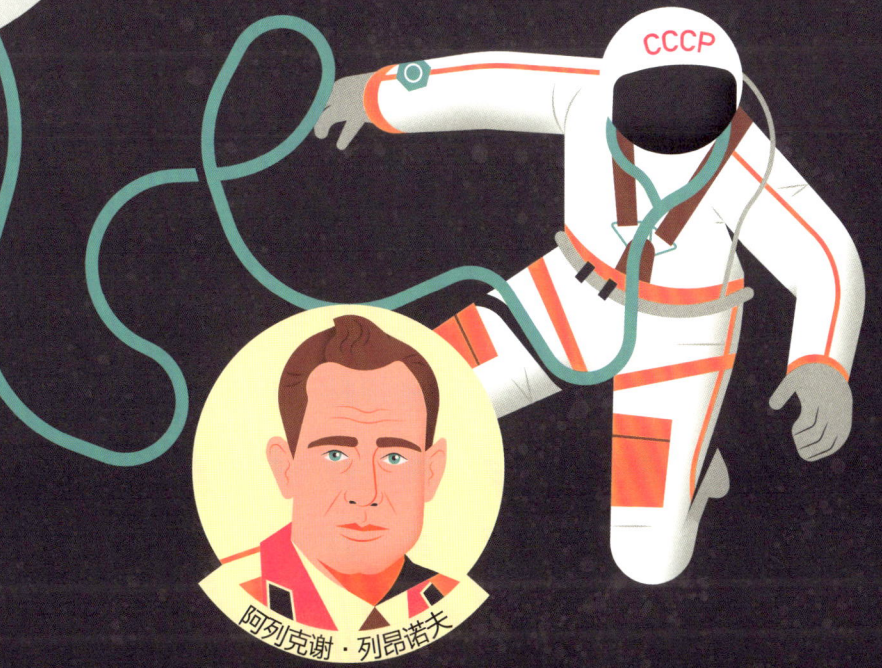

阿列克谢·列昂诺夫

外太空成为美国和苏联争夺霸权和展示力量的舞台。起初，斯普特尼克1号和加加林让苏联处于领先地位，但美国很快发起了反击，率先将人类送上了月球。1969年7月，美国宇航员埃德温·"巴斯"·奥尔德林（巴斯光年的人物原型）、尼尔·阿姆斯特朗和迈克尔·柯林斯在起飞三天后，抵达了他们的目的地。阿姆斯特朗和奥尔德林乘坐登陆舱降落在月球表面，而柯林斯则留在了宇宙飞船里。

1969

埃德温·"巴斯"·奥尔德林

登月之旅

尼尔·阿姆斯特朗

"这是我个人的一小步，却是人类的一大步。"阿姆斯特朗成为第一个踏上月球的人，也是第一个踏上地球以外其他天体的人。一开始，阿姆斯特朗和奥尔德林不得不先适应月球的状况，比如低重力和光滑的表面，然后他们采集样本，进行测试，并在完成这些工作后启程返航。

太空旅行

在太空里，一切都好轻松。

这里是国际空间站，也称为 ISS。它是太空中存在的最大的人造物体。经过了激烈的太空竞赛，美国和俄罗斯最终开始在国际空间站上展开合作。该项目共有 16 个国家参与。

1993

天哪，我感到恶心反胃！

下一个理想的太空目的地是火星。美国国家航空航天局（美国负责太空旅行和航空事务的政府机构，简称 NASA）和一些富有的普通公民都希望去往火星，不仅为了进行研究，也为了在上面定居。为了实现这一目标，美国将火星探测车送往火星，用来调查火星的自然状况。火星探测车在火星上采集样本，执行各自的研究任务。

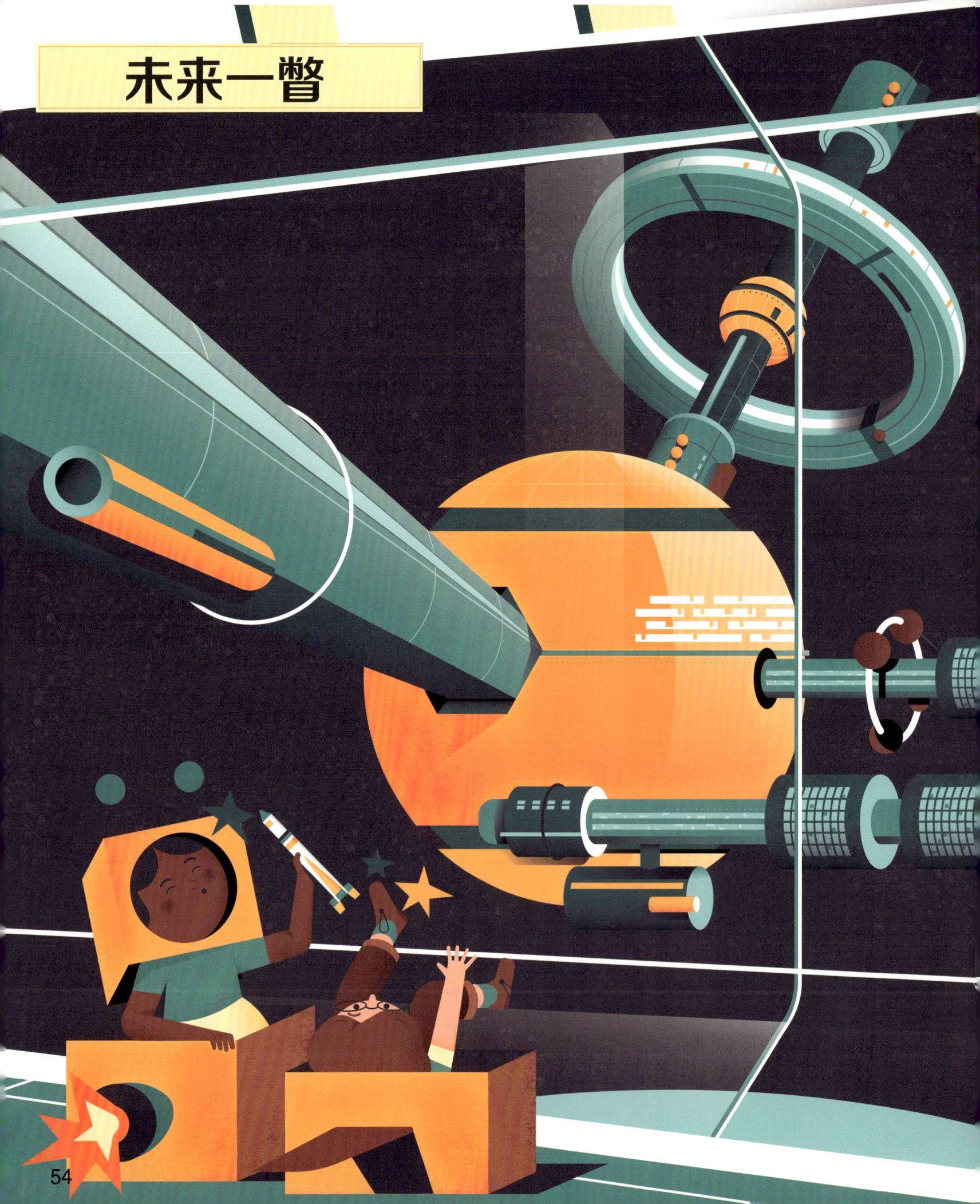

哇，这是一次穿越时间、环游世界，甚至进入太空的旅行！不过，在所有冒险都已经被尝试过、所有地方都已经被发现、所有动植物都已经被记录进书本之后，这个世界上还有什么新东西值得去探索吗？

当然有！身边的世界仍然有很多需要我们去了解的地方。研究人员说，到目前为止，我们只发现了世界上大约 10% 的动物物种，至少还有 90% 的海洋没有被探索过，许多洞穴和山脉对于我们人类来说仍然是绝密之境，至于无边无际的外太空 ……

地球上无人攀登过的山可能比有人攀登过的山还要多。例如，至今还没有人登上过不丹最高的山峰——7570 米的干卡本森峰。在南极洲的冰层下，有许多人类从未见过的河流和湖泊，里面或许有新的物种，其中有的生活在厚厚的冰层下，与外界隔绝了 12 万年之久。

我们的星球是如此不可思议，如此丰富多样！在未来许多年中，我们仍会继续发现许多今天几乎无法想象的新地方和新生物。而且，每当我们发现一些前所未知的东西时，我们在旅途中的时光和沿途所遇到的人，将会带给我们全新的经历和体验。

还在犹豫什么？
冒险在等着我们呢！

社图号23045

Original Title: Explore the World
Discoveries that shaped our world by Anton Hallmann
Original edition conceived, edited and designed by Little Gestalten
Edited by Robert Klanten and Maria-Elisabeth Niebius
Design and layout by Anton Hallmann
Published by Little Gestalten, Berlin 2021
Copyright © Die Gestalten Verlag GmbH & Co. KG, 2021
Simplified Chinese edition arranged by Inbooker Cultural Development (Beijing) Co., Ltd.

北京市版权局著作权合同登记图字：01-2023-0311 号

图书在版编目（CIP）数据

探索世界：这些发现塑造了我们的世界 /（德）安东·霍尔曼著绘；许家兰译. — 北京：北京语言大学出版社，2023.6
ISBN 978-7-5619-6269-5

Ⅰ.①探… Ⅱ.①安… ②许… Ⅲ.①科学知识—少儿读物 Ⅳ.①Z228.1

中国国家版本馆CIP数据核字（2023）第094310号

探索世界：这些发现塑造了我们的世界

TANSUO SHIJIE: ZHEXIE FAXIAN SUZAOLE WOMEN DE SHIJIE

项目策划：阅思客文化　　责任编辑：周 鹂　刘晓真　　责任印制：周 燚

出版发行：北京语言大学出版社
社　　址：北京市海淀区学院路15号，100083
网　　址：www.blcup.com
电子信箱：service@blcup.com
电　　话：编 辑 部　8610-82303670
　　　　　国内发行　8610-82303650/3591/3648
　　　　　海外发行　8610-82303365/3080/3668
　　　　　北语书店　8610-82303653
　　　　　网购咨询　8610-82303908
印　　刷：北京中科印刷有限公司

版　次：2023年6月第1版		印　次：2023年6月第1次印刷	
开　本：889毫米×1194毫米　1/12		印　张：5⅓	
字　数：75千字		定　价：98.00元	

PRINTED IN CHINA
凡有印装质量问题，本社负责调换。售后 QQ 号 1367565611，电话 010-82303590

安东·霍尔曼出生于德国勃兰登堡州，曾在汉堡应用技术大学学习插画，主要为《时代周刊》《南德意志报》《法兰克福汇报》等报刊以及谷歌、汉莎航空和德国铁路公司等客户工作，目前居住在瑞典斯德哥尔摩。

《探索世界》是他创作的第一本儿童读物。